בית ספר - sekolah 2
נסיעה - perjalanan 5
תחבורה - transportasi 8
עיר - kota 10
נוף - pemandangan 14
מסעדה - restauran 17
סופרמרקט - supermarket 20
שתיות - minuman 22
אוכל - makanan 23
חווה - pertanian 27
בית - rumah 31
סלון - ruang tamu 33
מטבח - dapur 35
חדר אמבטיה - kamar mandi 38
חדר ילדים - kamar anak 42
בגדים - pakaian 44
משרד - kantor 49
כלכלה - ekonomi 51
מקצועות - pekerjaan 53
כלי עבודה - alat 56
כלי נגינה - alat musik 57
גן חיות - kebun binatang 59
ספורט - olahraga 62
פעילויות - aktivitas 63
משפחה - keluarga 67
גוף - badan 68
בית חולים - rumah sakit 72
חירום - darurat 76
כדור הארץ - bumi 77
שעון - jam 79
שבוע - minggu 80
שנה - tahun 81
צורות - bentuk 83
צבעים - warna-warna 84
הפכים - berlawanan 85
מספרים - angka-angka 88
שפות - bahasa-bahasa 90
מי / מה / איך - siapa / apa / begaimana 91
איפה - dimana 92

AF187099

Impressum
Verlag: BABADADA GmbH, Nedderfeld 112 , 22529 Hamburg
Geschäftsführer / Verlagsleitung: Harald Hof
Druck: Books on Demand GmbH, In de Tarpen 42, 22848 Norderstedt

Imprint
Publisher: BABADADA GmbH, Nedderfeld 112 , 22529 Hamburg, Germany
Managing Director / Publishing direction: Harald Hof
Print: Books on Demand GmbH, In de Tarpen 42, 22848 Norderstedt

1

בית ספר
sekolah

כיתה
ruang kelas
חילק
membagi
186/2
לוח
papan
מורה
guru
נייר
kertas
כתב
menulis
עט
pena
שולחן עבודה
meja kerja
סרגל
penggaris
ספר
buku
תלמיד
murit

ילקוט

tas sekolah

קלמר

tempat pensil

עיפרון

pensil

מחדד

pengasah pensil

גומי מחיקה

penghapus

חוברת סרטוט

kertas gambar

סרטוט
gambar

מברשת
kuas

קופסת צבעים
kotak cat

מספריים
gunting

דבק
lem

ספר תרגול
buku latihan

שיעור בית
pekerjaan rumah

מספר
angka

חיבר
tambhakan

חיסר
mengurangi

הכפיל
mengalikan

חישב
menghitung

אות
huruf

אלפבית
alfabet

מילה
kata

טקסט
teks

קרא
membaca

גיר
kapur

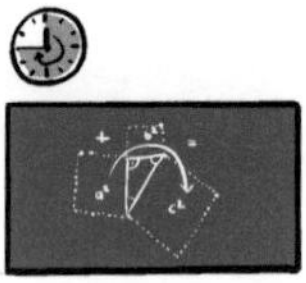

שיעור
pelajaran

יומן נוכחות
daftar

מבחן
ujian

תעודה
sertifikat

תלבושת בית ספר
seragam sekolah

חינוך
pendidikan

אנציקלופדיה
ensiklopedi

אוניברסיטה
universitas

מיקרוסקופ
mikroskop

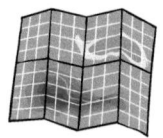

מפה
peta

סל נייר
tempat sampah

נסיעה

perjalanan

מלון
hotel
הוסטל
hostel
המרת מטבע
kantor pertukaran mata uang
מזוודה
koper
אוטו
mobil

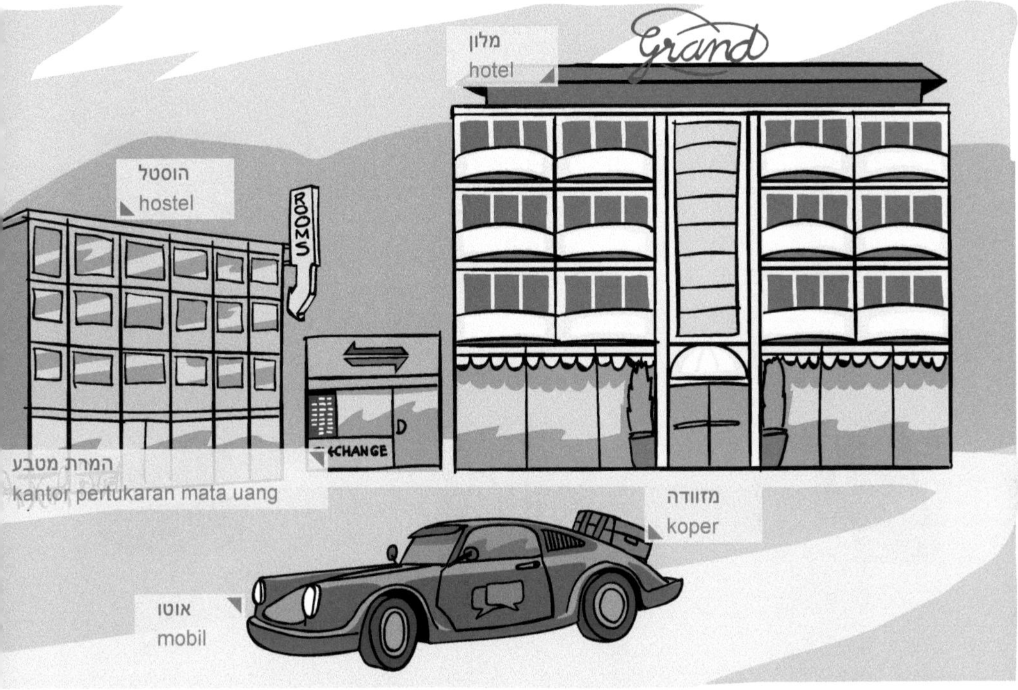

שפה

bahasa

כן / לא

ya / tidak

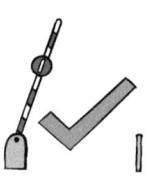

בסדר

okay

שלום

hallo

מתרגם

penerjemah

תודה

terima kasih

כמה עולה...?

Berapa harganya...?

אני לא מבין

saya tidak mengerti

בעיה

masalah

ערב טוב!

Selamat malam!

בוקר טוב!

Selamat siang!

לילה טוב!

Selamat tidur!

להתראות

sampai jumpa

כיוון

arah

כבודה

bagasi

תיק

tas

תרמיל גב

ransel

אורח

tamu

חדר

ruang

שק שינה

kantong tidur

אוהל

tenda

מרכז מידע לתיירים

informasi wisata

חוף ים

pantai

כרטיס אשראי

kartu kredit

ארוחת בוקר

sarapan

ארוחת צהריים

makan siang

ארוחת ערב

makan malam

כרטיס

tiket

מעלית

elevator

בול

perangko

גבול

perbatasan

מכס

cukai

שגרירות

kedutaan

אשרה

visa

דרכון

paspor

תחבורה
transportasi

מטוס
kapal terbang
אונייה
perahu
כבאית
mobil pemadam kebakaran
משאית
truk
אוטובוס
bis
סירת מנוע
perahu motor
אופניים
sepeda
אוטו
mobil

מעבורת

feri

סירה

perahu

אופנוע

sepeda motor

ניידת משטרה

mobil polisi

מכונית מרוץ

mobil balapan

רכב שכור

mobil sewa

מכוניות בשיתוף

berbagi mobil

אוטו גרר

truk derek

משאית זבל

truk sampah

מנוע

motor

דלק

bahan bakar

תחנת דלק

bensin

תמרור

tanda lalulintas

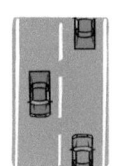

תנועה

lalulintas

פקק תנועה

macet

חניה

parkir mobil

תחנת רכבת

stasiun kereta

פסי רכבת

trek

רכבת

kereta api

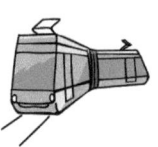

רכבת קלה

tram

קרון

gerobak

מסוק

helikopter

שדה-תעופה

bendara

מגדל

menara

נוסע

penumpang

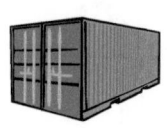

קונטיינר

container

קרטון

karton

עגלה

troli

סל

keranjang

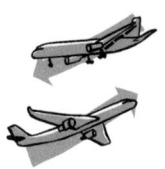

המראה / נחיתה

berangkat / mendarat

עיר

kota

כפר

desa

מרכז העיר

pusat kota

בית

rumah

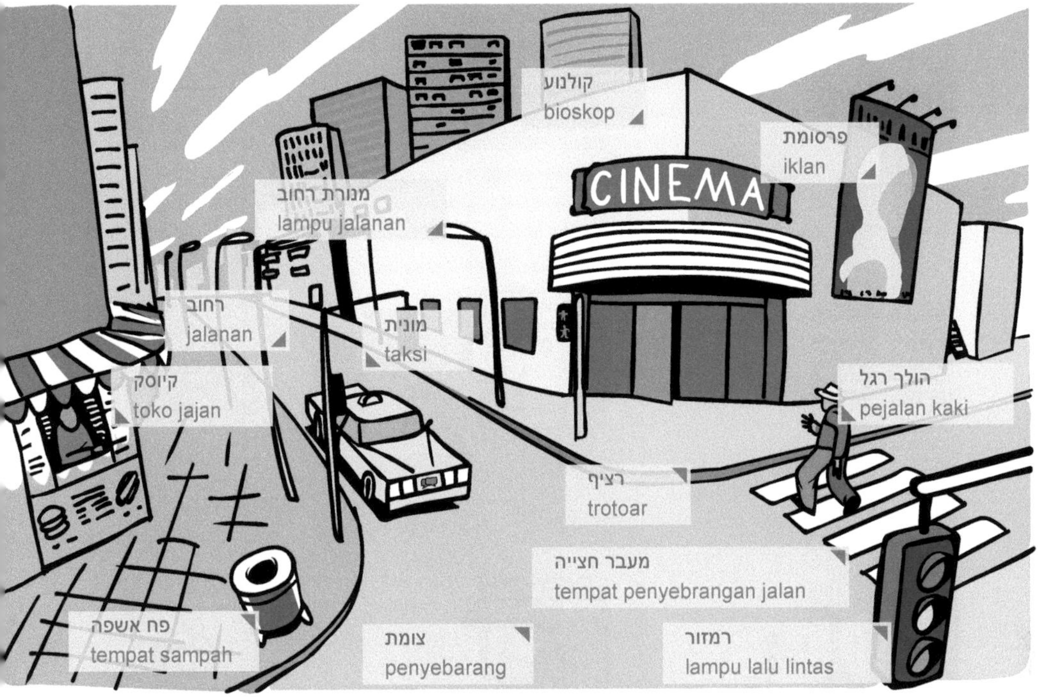

קולנוע
bioskop

פרסומת
iklan

מנורת רחוב
lampu jalanan

רחוב
jalanan

מונית
taksi

קיוסק
toko jajan

הולך רגל
pejalan kaki

רציף
trotoar

מעבר חצייה
tempat penyebrangan jalan

פח אשפה
tempat sampah

צומת
penyebarang

רמזור
lampu lalu lintas

CINEMA

בקתה
gubuk

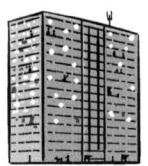

דירה
rumah flat

תחנת רכבת
stasiun kereta

עירייה
balai kota

מוזיאון
museum

בית ספר
sekolah

אוניברסיטה

universitas

בנק

bank

בית חולים

rumah sakit

מלון

hotel

בית מרקחת

farmasi

משרד

kantor

חנות ספרים

toko buku

חנות

toko

חנות פרחים

toko bunga

סופרמרקט

supermarket

שוק

pasar

כל-בו

toko serba ada

מוכר דגים

nelayan

קניון

pusat belanja

נמל

pelabuhan

פארק

taman

ספסל

banku

גשר

jembatan

מדרגות

tangga

רכבת תחתית

kereta bawah tanah

מנהרה

terowongan

תחנת אוטובוס

pemberhantian bis

בר

bar

מסעדה

restauran

תא דואר

kotak surat

שלט רחוב

tanda jalan

מדחן

meteran parkir

גן חיות

kebun binatang

בריכת שחיה

kolam renang

מסגד

mesjid

חווה
pertanian

זיהום
polusi

בית עלמין
kuburan

כנסייה
gereja

מגרש משחקים
tempat bermain

בית מקדש
pura

נוף
pemandangan

עלה
daun

תמרור
penunjuk arah

דרך
jalanan

מרעה
padang rumput

אבן
batu

עץ
pohon

מטייל
pejalak kaki

נהר
sungai

דשא
rumput

פרח
bunga

בקעה

lembah

הר

bukit

אגם

danau

יער

hutan

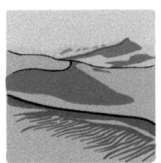

מדבר

padang gurun

הר געש

gunung berapi

טירה

istana

קשת בענן

pelangi

פטריה

jamur

דקל

pohon palem

יתוש

nyamuk

זבוב

lalat

נמלה

semut

דבורה

lebah

עכביש

laba-laba

חיפושית

kumbang

צפרדע

kodok

סנאי

tupai

קיפוד

landak

ארנב

kelinci

ינשוף

burung hantu

ציפור

burung

ברבור

angsa

חזיר בר

babi jantan

צבי

rusa

אייל הקורא

rusa

סכר

bendungan

טורבינת רוח

turbin angin

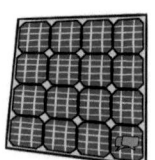

פנל סולארי

panel surya

אקלים

iklim

מסעדה
restauran

מלצר
pelayan
תפריט
daftar makanan
כסא
kursi
מרק
sup
פיצה
pizza
סכו"ם
peralatan makan
מפת שולחן
taplak

מנת פתיחה

hindangan pembuka

מנה עיקרית

hidangan utama

קינוח

hidangan penutup

שתיות

minuman

אוכל

makanan

בקבוק

botol

מזון מהיר

fastfood

אוכל רחוב

masakan jalanan

קנקן תה

teko teh

מסכרת

kaleng gula

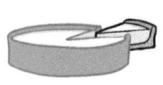

מנה

porsi

מכונת אספרסו

mesin espresso

כסא תינוק

kursi tinggi

חשבון

tagihan

מגש

baki

סכין

pisau

מזלג

garpu

כף

sendok

כפית

sendok teh

מפית

serbet

כוס

gelas

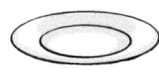

צלחת

piring

קערת מרק

piring sup

תחתית

lepek

רוטב

saus

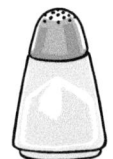

מלחייה

tempat garam

מטחנת פלפל

gilingan merica

חומץ

cuka

שמן

minyak

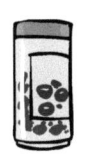

תבלינים

bumbu

קטשופ

saus tomat

חרדל

mustar

מיונז

mayones

סופרמרקט

supermarket

מבצע
penawaran khusus
לקוח
klien
מוצרי חלב
produk susu
פירות
buah
עגלת קניות
troli

אטליז

pembantai

מאפייה

toko roti

שקל

menimbang

ירקות

sayur

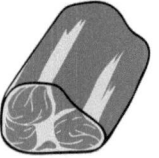

בשר

daging

מזון קפוא

makanan beku

אבקת כביסה

sabun serbuk

שימורים

makanan kaleng

בשר קר

pemotongan dingin

חומר ניקוי

obat pembersihan

מוצרי בית

alat-alat rumah tangga

ממתקים

permen

קופאי

kasir

קופה

kasa

מוכרת

penjual

ארנק

dompet

שעות פתיחה

jam buka

רשימת קניות

daftar belanja

שקית נילון

kantong plastik

תיק

tas

כרטיס אשראי

kartu kredit

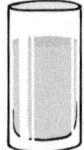

שתיות
minuman

מים

air

מיץ

jus

חלב

susu

קולה

cola

יין

anggur

בירה

bir

אלכוהול

alkohol

קקאו

coklat

תה

teh

קפה

kopi

אספרסו

espresso

קפוצ'ינו

cappucino

אוכל

makanan

תפוז

jeruk

תפוח

apel

בננה

pisang

גזר

wortel

לימון

jeruk lemon

אבטיח

semangka

בצל

bawang bombai

במבוק

bambu

שום

bawang putih

אטריות

mi

אגוזים

kacang

פטריות

jamur

ספגטי

spagetti

אורז

nasi

סלט

salat

צ'יפס

kentang goreng

צ'יפס

kentang goreng

פיצה

pizza

המבורגר

hamburger

כריך

sandwich

שניצל

sayatan

שינקין

ham

סלאמי

salami

נקניקיה

sosis

עוף

ayam

טיגון

menggoreng

דג

ikan

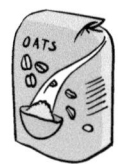

שיבולת שועל

bubur gandum

מוזלי

sereal

קורנפלקס

cornflakes

קמח

tepung

קרואסון

croissant

לחמנייה

roti

לחם

roti

טוסט

toast

עוגיות

biskuit

חמאה

mentega

גבינה לבנה

dadih

עוגה

kue

ביצה

telur

ביצת עין

telur goreng

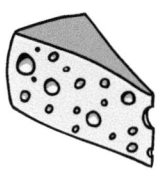

גבינה

keju

גלידה

eskrim

סוכר

gula

דבש

madu

ריבה

selai

ממרח נוגט

krim nugat

קארי

kare

חווה
pertanian

rumah peternakan
אסם
lumbung
חבילת שחת
bale jemari
שדה
lapangan
סוס
kuda
עגלת נגרר
kereta gandeng
טרקטור
traktor
סייח
anak kuda
חמור
keledai
כבש
domba
טלה
domba

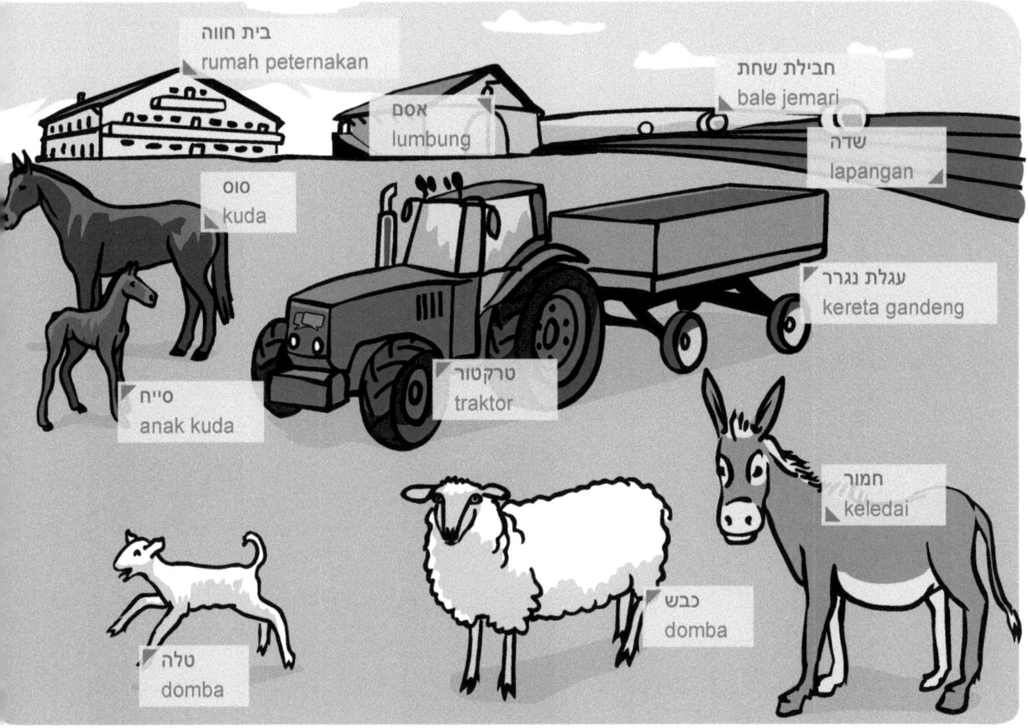

עז
kambing

פרה
sapi

עגל
betis

חזיר
babi

חזרזיר
celeng

שור
banteng

אווז

angsa

ברווז

bebek

אפרוח

anak ayam

תרנגולת

ayam

תרנגול

ayam jantan

חולדה

tikus

חתול

kucing

עכבר

tikus

שור

lembu

כלב

anjing

מלונה

rumah anjing

צינור השקיה

selang

קנקן מים

penyiram

חרמש

sabit

מחרשה

bajak

מגל

sabit

מגרפה

cangkul

קלשון

garpu rumput

גרזן

kapak

מריצה

gerobak

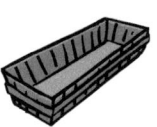

שוקת

palung

כד חלב

kaleng susu

שק

karung

גדר

pagar

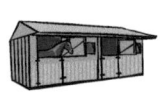

אורווה

kandang

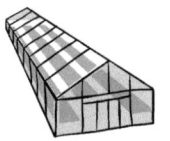

חממה

rumah kaca

אדמה

tanah

זרע

benih

דשן

pupuk

מקצרה

mesin pemanen

בטטה אפריקנית

yams

קציר

panen

קצר

panen

תפוח אדמה

kentang

סויה

kedelai

חיטה

gandum

עץ פירות

pohon buah

קנולה

lobak

תירס

jagung

דגנים

sereal

קסבה

singkong

בית
rumah

ארובה
cerobong
גג
atap
מרזב
pipa talang
חלון
jendela
מוסך
garasi
פעמון
bel pintu
דלת
pintu
פח אשפה
sampah
תיבת מכתבים
kotak surat
גינה
kebun

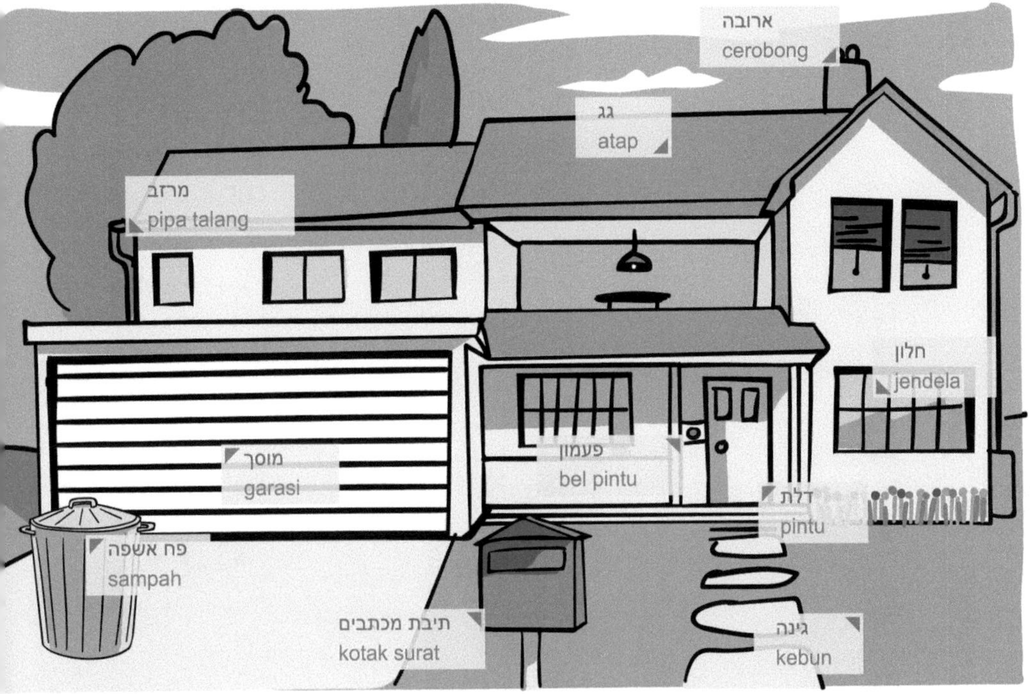

סלון

ruang tamu

חדר אמבטיה

kamar mandi

מטבח

dapur

חדר שינה

kamar tidur

חדר ילדים

kamar anak

חדר אוכל

kamar makan

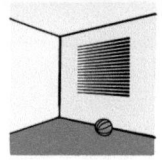

רצפה
lantai

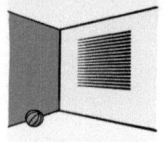

קיר
tembok

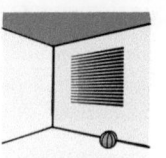

תקרה
atap

מרתף
gudang di bawah tanah

סאונה
sauna

מרפסת
balkon

מרפסת
teras

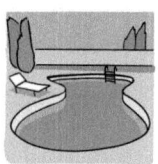

בריכה
kolam renang

מכסחת דשא
mesin pemotong rumput

סדין
sprei

כיסוי מיטה
selimut

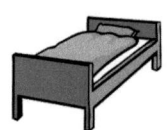

מיטה
tempat tidur

מטאטא
sapu

דלי
ember

מפסק
tombol

סלון
ruang tamu

טפט
kertas dinding
תמונה
gambar
מנורה
lampu
מדף
rak
ארון
kabinet
טלוויזיה
televisi
אח
perapian
פרח
bunga
כרית
bantal
ספה
sofa
אגרטל
vas
שלט רחוק
remote control

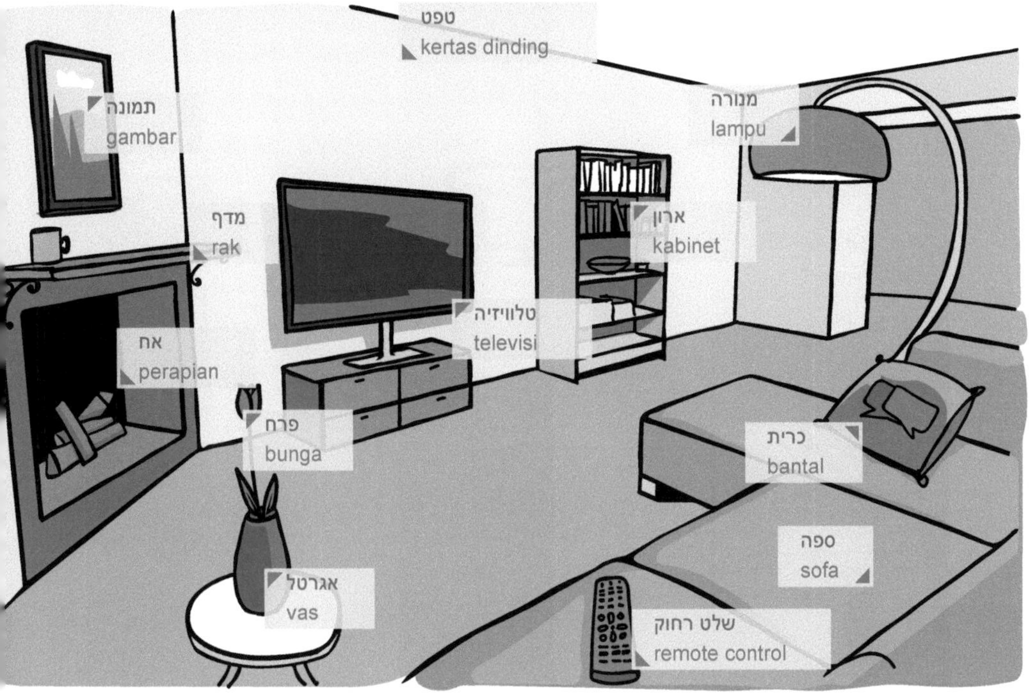

שטיח
karpet

וילון
korden

שולחן
meja

כסא
kursi

כיסא נדנדה
kursi goyang

כורסה
kursi malas

ספר

buku

שמיכה

selimut

דקורציה

dekorasi

עצי הסקה

kayu bakar

סרט

filem

מערכת סטריאו

hi-fi

מפתח

kunci

עיתון

koran

ציור

lukisan

פוסטר

poster

רדיו

radio

מחברת

buku tulis

שואב אבק

penyedot debu

קקטוס

kaktus

נר

lilin

מטבח
dapur

מקרר
kulkas
מיקרוגל
mesin pemanggang
מאזני מטבח
timbangan
טוסטר
pemanggang roti
חומר ניקוי
deterjen
תנור
kompor
מקפיא
lemari es
פח אשפה
sampah
מדיח כלים
mesin pencuci piring

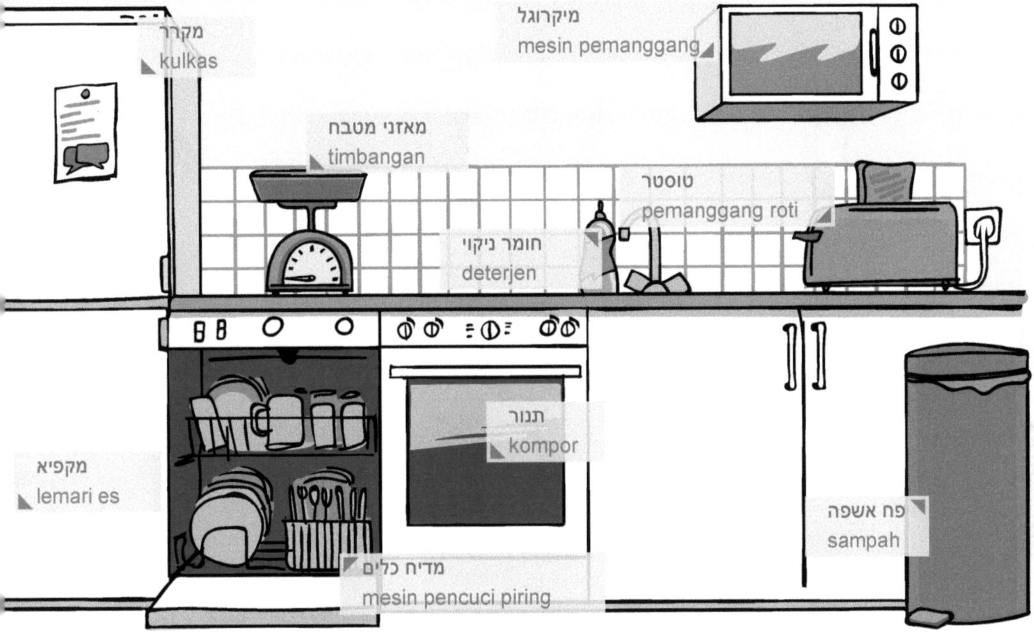

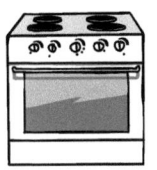

תנור
kompor

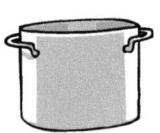

סיר
panci

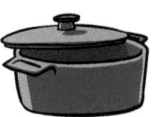

סיר ברזל
panci besi

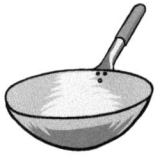

ווק
wajan

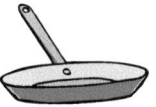

מחבת
panci

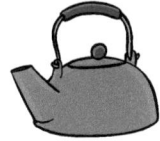

קומקום חשמלי
pemanas air

מאדה

panci pengukus makanan

מגש אפייה

nampan

כלי אוכל

piring

ספל

cangkir

קערה

mangkok

צ'ופסטיקס

sumpit

מצקת

sendok sup

מרית

sudip

מטרפה

mengocok

מסננת בישול

saringan

מסננת

saringan

מגרדת

parutan

מכתש

mortir

גריל

barbeque

מדורה

api terbuka

קרש חיתוך

papan memotong

מערוך

gilingan

פותחן פקקים

alat pembuka botol

פחית

kaleng

פותחן קופסאות

pembuka kaleng

מטלית

pegangan panci

כיור

wastafel

מברשת

sikat

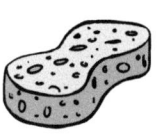

ספוג

busa

בלנדר

mesin pencampur

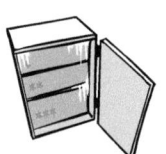

מקפיא

lemari es

בקבוק לתינוק

botol bayi

ברז

keran

חדר אמבטיה

kamar mandi

מקלחת
mandi
חימום
mesin pemanas
מגבת
handuk
וילון מקלחת
אמבטיית קצף
mandi busa
אמבטיה
bak mandi
כוס
gelas
מכונת כביסה
mesin cuci
ברז
keran
אריחים
ubin
סיר לילה
pispot
כיור
wastafel

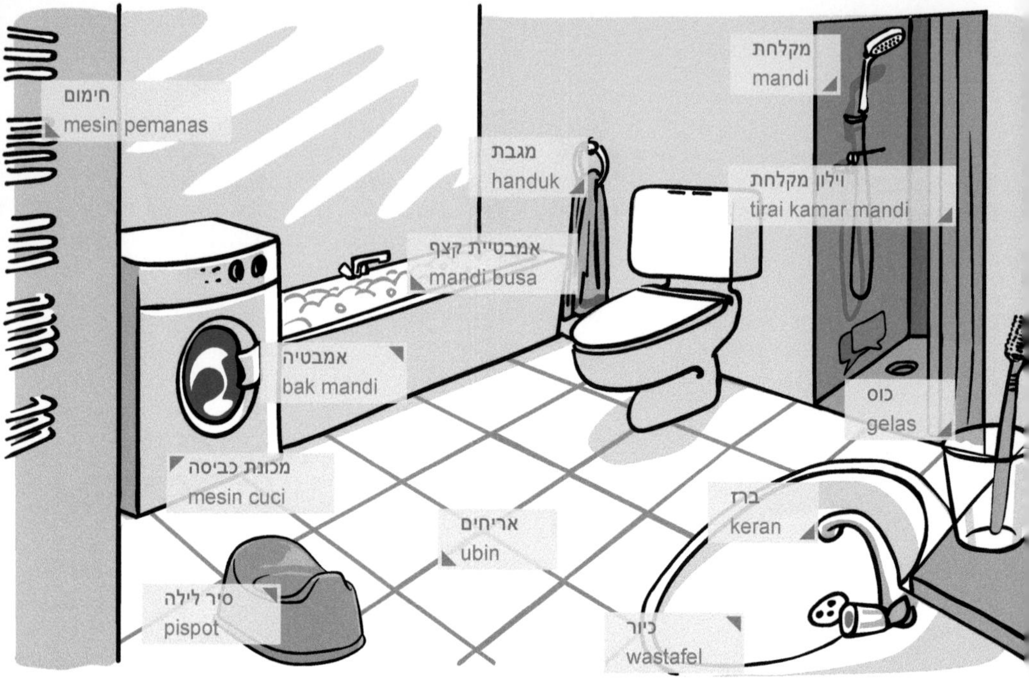

אסלה

toilet

אסלת כריעה

toilet jongkok

בידה

bidet

משתנה

pissoir

נייר טואלט

kertas toilet

מברשת אסלה

sikat toilet

מברשת שיניים

sikat gigi

משחת שיניים

pasta gigi

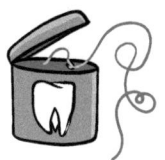

חוט דנטלי

benang gigi

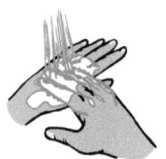

שטף

menyuci

מקלחת יד

pancuran tangan

צינור שטיפה לשירותים

pancuran

קערת רחצה

bak

מברשת גב

sikat punggung

סבון

sabun

ג'ל רחצה

gel mandi

שמפו

sampo

ליפה

planel

ניקוז

kuras

קרם

krim

דיאודורנט

deodoran

מראה

kaca

מראת יד

cermin tangan

סכין גילוח

pisau cukur

קצף גילוח

busa cukur

אפטרשייב

aftershave

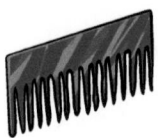

מסרק

sisir

מברשת

sikat

מייבש שיער

alat pengering rambut

ספריי לשיער

semprot rambut

איפור

makeup

שפתון

lipstik

לק

cat kuku

צמר גפן

kapas

מספריים לציפורניים

gunting kuku

בושם

minyak wangi

תיק כלי רחצה

kantong pencuci

שרפרף

bangku

משקל

timbangan

חלוק רחצה

mantel mandi

כפפות גומי

sarung tangan karet

טמפון

tampon

תחבושת סניטרית

handuk pembalut

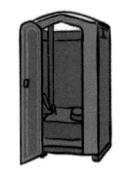

שירותים כימיקליים

toilet kimia

חדר ילדים

kamar anak

שעון מעורר
jam alarm
צעצוע חיבוק
boneka tidur
מכונית צעצוע
mobil-mobilan
רעשן
kelintung
בית בובות
rumah boneka
מתנה
kado

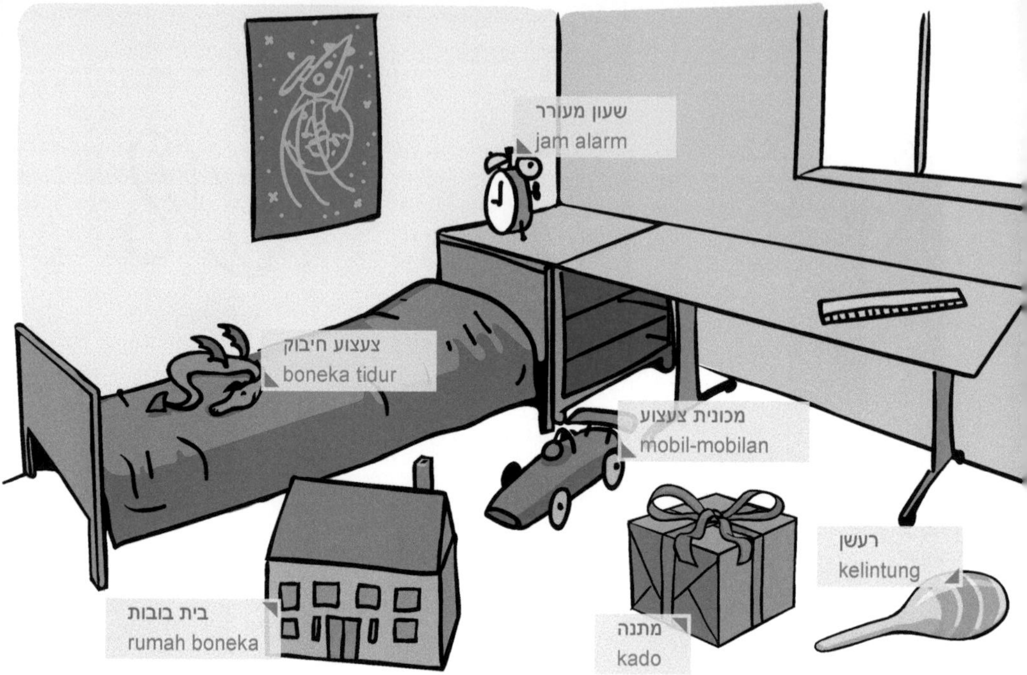

בלון

balon

מיטה

tempat tidur

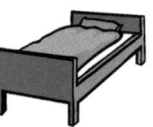

עגלה

kereta bayi

משחק קלפים

mainan kartu

פאזל

teka-teki

קומיקס

komik

לגו

mainan lego

קוביות משחק

blok mainan

דמות משחק

figur aksi

סרבל תינוקות

baju monyet

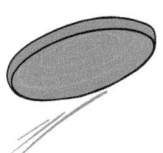

פריזבי

frisbee

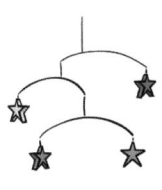

נייד

mobile

משחק לוח

permainan papan

קוביה

dadu

רכבת צעצוע

set model kreta api

מוצץ

dot

מסיבה

pesta

אלבום תמונות

buku gambar

כדור

bola

בובה

boneka

שיחק

bermain

ארגז חול

tempat main pasir

נדנדה

ayunan

צעצועים

mainan

קונסולת משחקים

video game konsol

אופניים תלת גלגלי

sepeda roda tiga

דובון

teddy

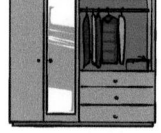

ארון בגדים

lemari pakaian

בגדים

pakaian

גרביים

kaos kaki

גרביונים

kaos kaki

גרביון

baju ketat

צעיף
syal

מטריה
payung

חולצת טי
kaos

חגורה
sabuk

נעלי בית
sandal

נעלי ספורט
sepatu

מגפיים
sepatu bot

סנדלים
....
sandal

נעליים
....
sepatu

מגפי גומי
....
sepatu bot karet

תחתונים
....
celana dalam

חזייה
....
BH

וסט
....
baju rompi

גוף

body

מכנסיים

celana

ג'ינס

jeans

חצאית

rok

חולצה מכופתרת

blus

חולצה

kemeja

אפודה

aket berkerudung

סווצ'ר עם קפוצ'ון

sweater

בלייזר

jaket

ז'קט

jaket

מעיל

mantel

מעיל גשם

jas hujan

תלבושת

kostum

שמלה

gaun

שמלת כלה

gaun pengantin

חליפה

setelan resmi

כותונת לילה

gaun tidur

פיג'מה

piyama

סארי

sari

מטפחת ראש

jilbab

טורבן

turban

בורקה

burka

קאפטן

kaftan

עבאיה

abaya

בגד ים

pakaian renang

בגד ים

celana renang

מכנסיים קצרים

celana pendek

בגד אימון

olah raga

סינר

celemek

כפפות

sarung tangan

כפתור

kancing

משקפיים

kacamata

צמיד יד

gelang

שרשרת

kalung

טבעת

cincin

עגיל

anting

כובע

topi

קולב

gantungan mantel

כובע

topi

עניבה

dasi

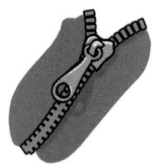

רוכסן

ritsleting

קסדה

helm

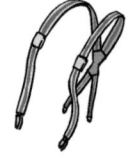

כתפיות

tali selempang

תלבושת בית ספר

seragam sekolah

מדים

seragam

מפית אוכל
oto

מוצץ
dot

חיתול
popok

משרד

kantor

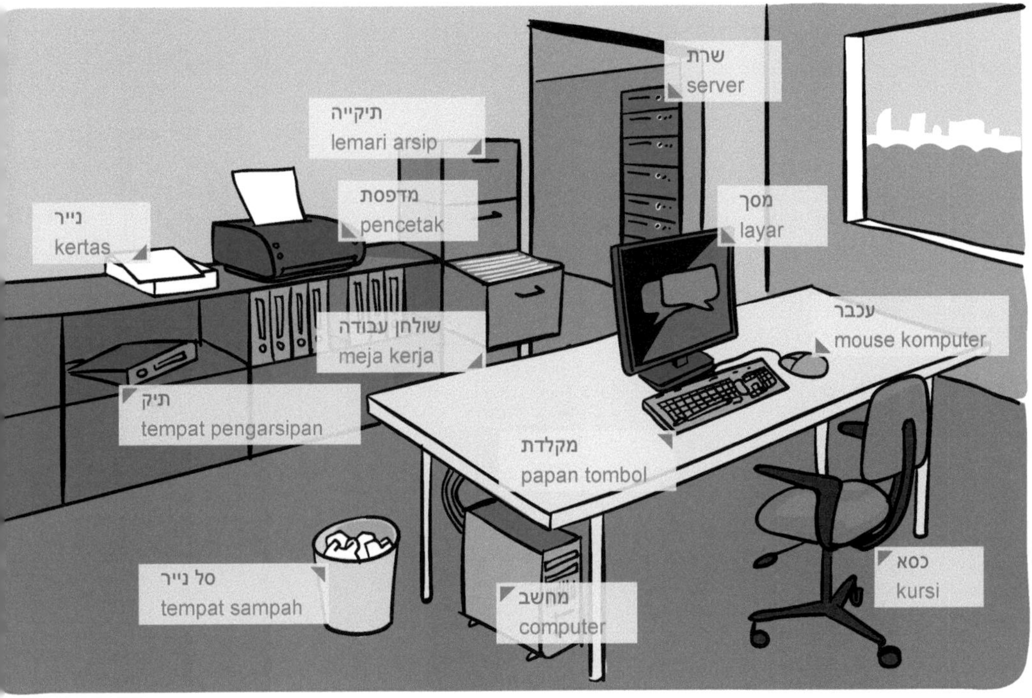

שרת
server

תיקייה
lemari arsip

מדפסת
pencetak

מסך
layar

נייר
kertas

שולחן עבודה
meja kerja

עכבר
mouse komputer

תיק
tempat pengarsipan

מקלדת
papan tombol

סל נייר
tempat sampah

מחשב
computer

כסא
kursi

ספל קפה
cangkir kopi

מחשבון
kalkulator

אינטרנט
internet

מחשב נייד
laptop

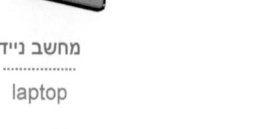

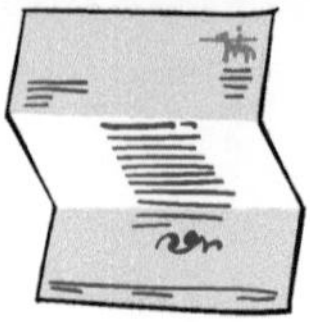

מכתב
surat

הודעה
pesan

נייד
telepon seluler

רשת
jaringan

מכונת צילום
fotokopi

תוכנה
software

טלפון
telepon

שקע
plug soket

פקס
mesin fax

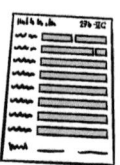

טופס
formulir

מסמך
dokumen

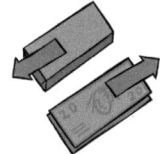

קנה

membeli

שילם

membayar

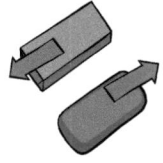

סחר

berdagang

כסף

uang

דולר

Dollar

יורו

Euro

ין

Yen

רובל

Rubel

פרנק שווייצרי

Franc Swiss

יואן רנמינבי

Renminbi Yuan

רופי

Rupiah

כספומט

ATM

המרת מטבע

kantor pertukaran mata uang

זהב

emas

כסף

perak

נפט

minyak

אנרגיה

energi

מחיר

harga

חוזה

kontrak

מס

pajak

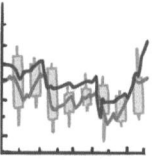

מנייה

saham

עבד

bekerja

עובד

karyawan

מעסיק

majikan

מפעל

pabrik

חנות

toko

מקצועות
pekerjaan

שוטר
petugas polisi
כבאי
pemadam kebakaran
טבח
pemasak
רופא
dokter
טייס
pilot

גנן

tukan kebun

נגר

tukang kayu

תופרת

penjahit wanita

שופט

hakim

כימאי

ahli kimia

שחקן

aktor

נהג אוטובוס

sopir bis

נהג מונית

sopir taksi

דייג

nelayan

עובדת נקיון

pembantu

מתקן גגות

tukang atap

מלצר

pelayan

צייד

pemburu

צייר

pelukis

אופה

tukang roti

חשמלאי

tukang listrik

עובד בניין

pembangun

מהנדס

insinyur

קצב

tukang daging

אינסטלטור

tukang ledeng

דוור

tukang pos

חייל

tentara

אדריכל

arsitek

קופאי

kasir

מוכר פרחים

penjual bunga

ספר

penata rambut

כרטיסן

konduktor

מכונאי

montir

קברניט

kapten

רופא שיניים

dokter gigi

מדען

ilmuwan

רב

rabbi

אימאם

imam

נזיר

biarawan

כומר

pendeta

כלי עבודה
alat

פטיש
palu
צבת
tang
מברג
obeng
מפתח ברגים
kunci
פנס
obor

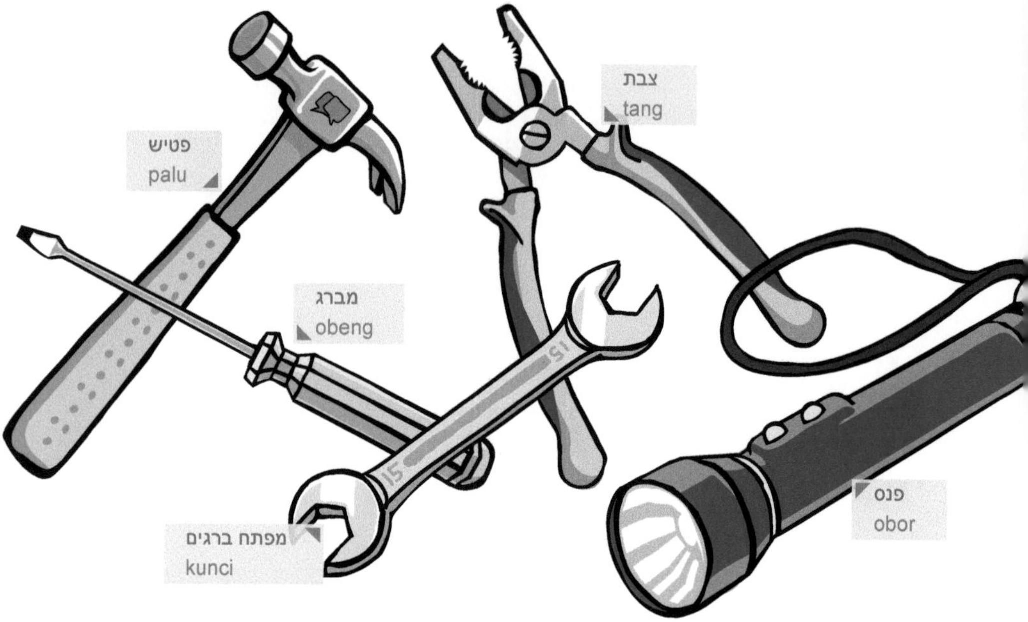

דחפור
penggali

ארגז כלים
tas perkakas

סולם
tangga

מסור
gergaji

מסמרים
paku

מקדחה
bor

תיקן

perbaikan

את חפירה

sekop

לעזאזל!

Sialan!

יעה

cikrak

פח צבע

pot cat

ברגים

sekrup

כלי נגינה

alat musik

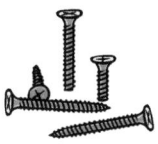

רמקול
pengeras suara
מערכת תופים
alat drum
גיטרה
gitar
קונטראבס
bas
חצוצרה
trompet

פסנתר

piano

כינור

violin

בס

bass

תוף הדוד

tambur

תופים

drum

מקלדת פסנתר

keyboard

סקסופון

saksofon

חליל

suling

מיקרופון

mikrofon

גן חיות
kebun binatang

כניסה
pintu masuk
נמר
macan
כלוב
kandang
זברה
sebra
מזון לחיות
pakan ternak
פנדה
panda

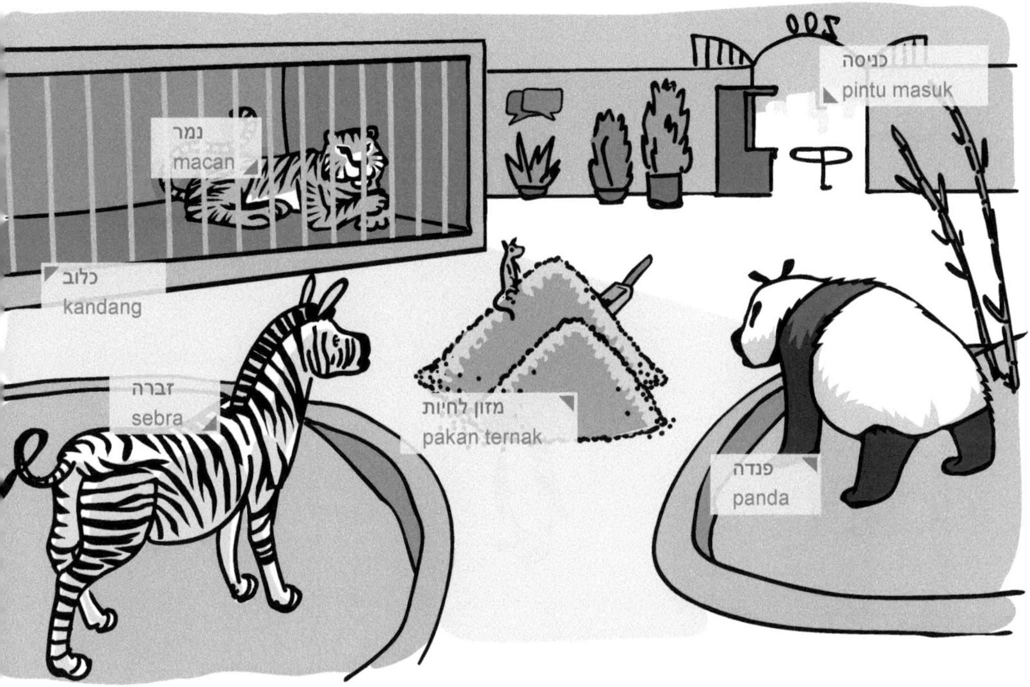

בעלי חיים

hewan

פיל

gajah

קנגרו

kanguru

קרנף

badak

גורילה

gorila

דוב

beruang

גמל

unta

יען

burung unta

אריה

singa

קוף

monyet

פלמינגו

flamingo

תוכי

burung beo

דוב הקרח

beruang polar

פינגווין

penguin

כריש

hiu

טווס

merak

נחש

ular

תנין

buaya

שומר גן החיות

penjaga kebun binatang

כלב ים

segel

יגואר

jaguar

סוס פוני

kuda poni

לאופרד

macan tutul

היפופוטאם

kuda nil

ג'ירפה

jerapah

נשר

burung elang

חזיר בר

babi jantan

דג

ikan

צב

kura-kura

סוס ים

anjing laut

שועל

rubah

איילה

kijang

ספורט

olahraga

פוטבול אמריקאי
american football
רכיבת אופניים
naik sepeda
טניס
tennis
כדורסל
basketbal
שחיה
bernang
אגרוף
tinju
הוקי
hoki es

כדורגל

sepak bola

בדמינטון

badminton

אתלטיקה

atletik

כדור-יד

bola tangan

עשה סקי

main ski

פולו

polo

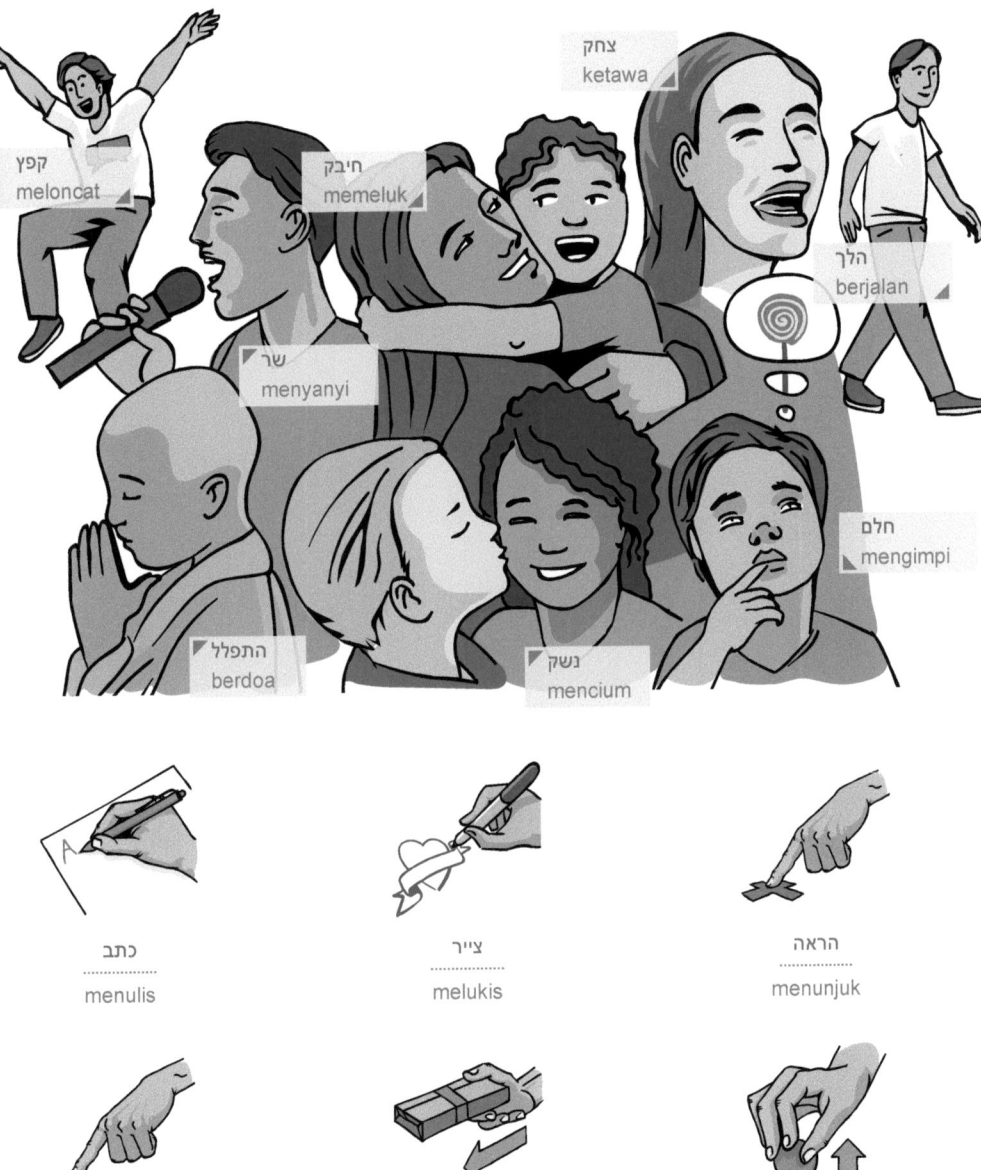

צחק
ketawa
קפץ
meloncat
חיבק
memeluk
הלך
berjalan
שר
menyanyi
חלם
mengimpi
התפלל
berdoa
נשק
mencium

כתב

menulis

צייר

melukis

הראה

menunjuk

דחף

mendorong

נתן

memberikan

לקח

mengambil

יש / להיות הבעלים

mempunyai

עשה

melakukan

היה

adalah

עמד

berdiri

רץ

berlari

משך

menarik

זרק

melempar

נפל

jatuh

שכב

tidur

חיכה

menunggu

סחב

membawa

ישב

duduk

התלבש

berpakaian

ישן

tidur

התעורר

bangun

הסתכל ב-
melihat

בכה
menangis

ליטף
mengelus

סירק
menyisir

דיבר
berbicara

הבין
mengerti

שאל
menanyak

שמע
mendengar

שתה
minum

אכל
makan

סידר
merapikan

אהב
cinta

בישל
memasak

נהג
menyetir

עף
terbang

שט

berlayar

חישב

menghitung

קרא

membaca

למד

belajar

עבד

bekerja

התחתן

menikah

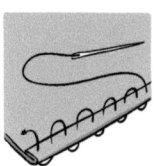

תפר

menjahit

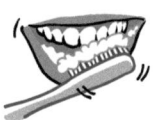

ציחצח שיניים

sikat gigi

הרג

membunuh

עישן

merokok

שלח

kirim

משפחה
keluarga

סבתא
nenek
סבא
kakek
אבא
bapak
אימא
ibu
תינוק
bayi
בת
putri
בן
putra

אורח
tamu

דודה
bibi

דוד
paman

אח
kakak laki

אחות
kakak perempuan

גוף

badan

מצח
dahi
עין
mata
כתף
bahu
אצבע
jari
פנים
muka
סנטר
dagu
כף יד
tangan
רגל
kaki
חזה
payudara
זרוע
lengan

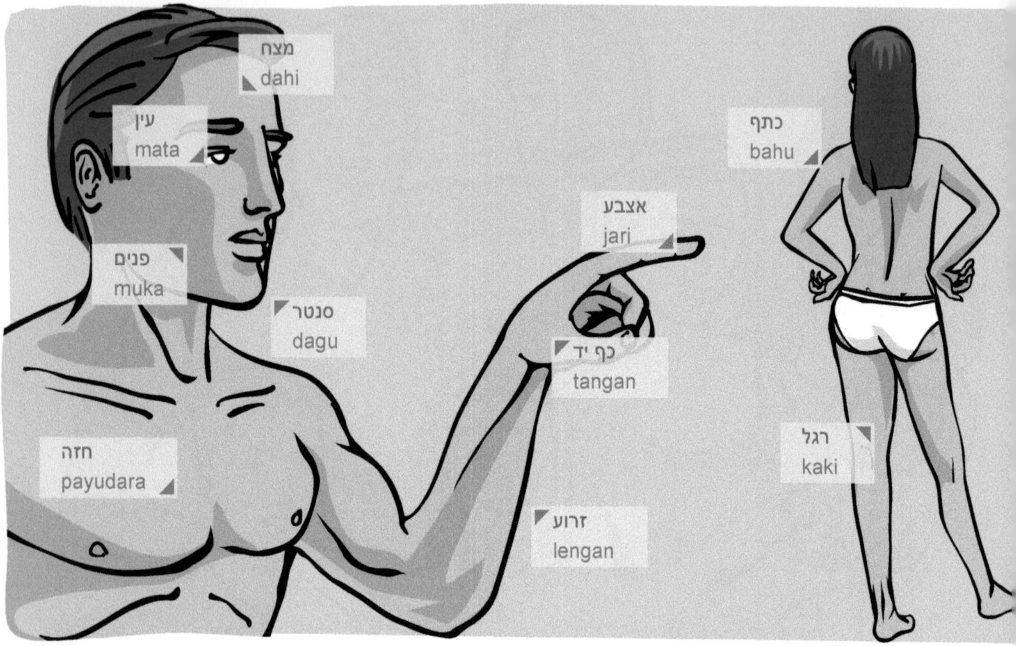

תינוק

bayi

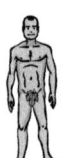

איש

pria

אישה

wanita

ילדה

perempuan

ילד

laki

ראש

kepala

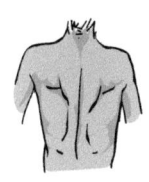

גב

punggung

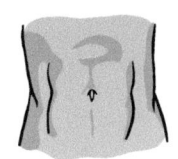

בטן

perut

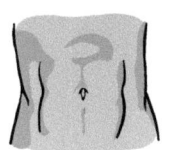

טבור

pusar

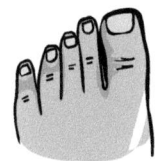

אצבע

toe

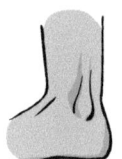

עקב

tumit

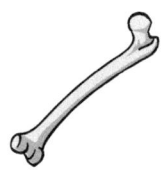

עצם

tulang

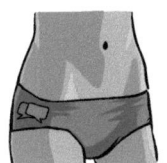

ירך

pinggang

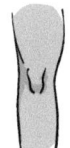

ברך

lutut

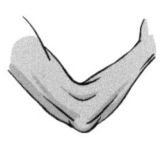

מרפק

siku

אף

hidung

עכוז

pantat

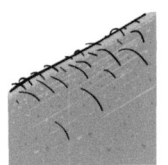

עור

kulit

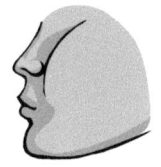

לחי

pipi

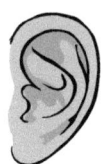

אוזן

telinga

שפתיים

bibir

פה

mulut

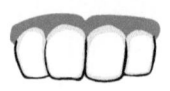

שן

gigi

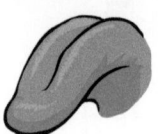

לשון

lidah

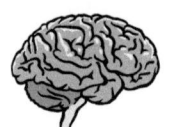

מוח

otak

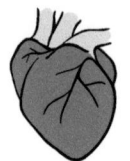

לב

jantung

שריר

otot

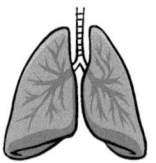

ריאה

paru-paru

כבד

hati

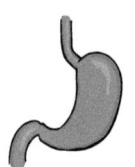

קיבה

stomach

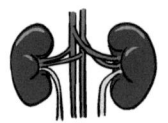

כליות

ginjal

מין

hubungan seks

קונדום

kondom

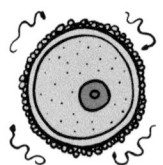

ביצית

sel telur

זרע

sperma

הריון

kehamilan

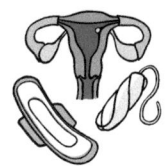

ווסת

menstruasi

נרתיק

vagina

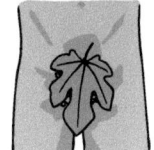

פין

penis

גבה

alis

שיער

rambut

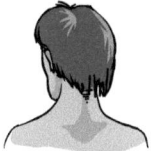

צוואר

leher

בית חולים
rumah sakit

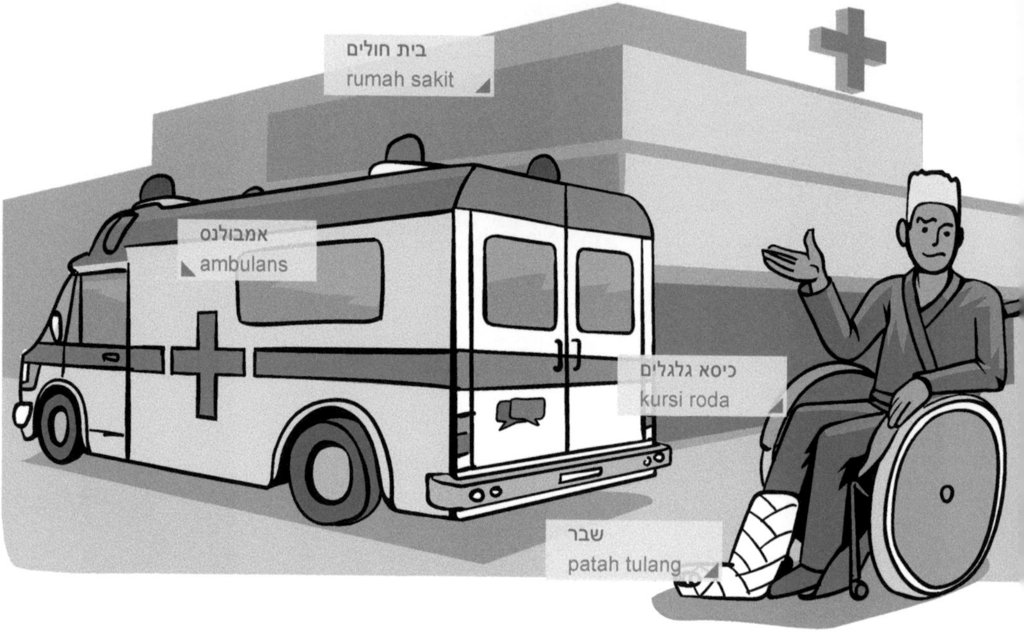

בית חולים
rumah sakit
אמבולנס
ambulans
כיסא גלגלים
kursi roda
שבר
patah tulang

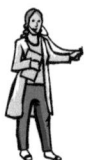

רופא

dokter

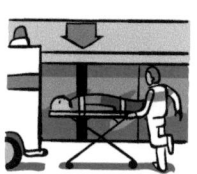

חדר מיון

ruang darurat

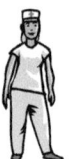

אחות

perawat

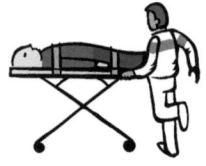

חירום

darurat

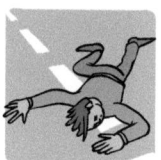

חסר הכרה

semaput

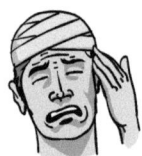

כאב

sakit

פציעה

cedera

דימום

perdarahan

התקף לב

serangan jantung

שבץ

stroke

אלרגיה

alergi

שיעול

batuk

חום

demam

שפעת

flu

שלשול

diare

כאב ראש

sakit kepala

סרטן

kanker

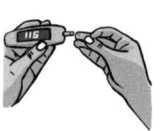

סוכרת

diabetes

מנתח

ahli bedah

אזמל

pisau bedah

ניתוח

operasi

סי-טי

CT

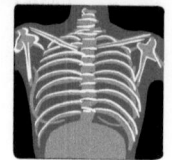

רנטגן

sinar x

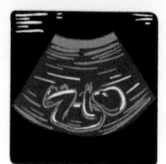

אולטרסאונד

usg

מסיכת פנים

topeng

מחלה

penyakit

חדר המתנה

ruang tunggu

קבה

penyokong

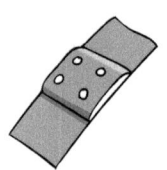

פלסטר

plester

תחבושת

perban

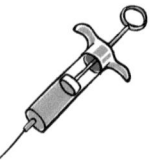

זריקה

injeksi

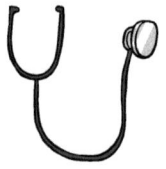

סטטוסקופ

stetoskop

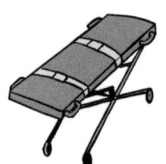

אלונקה

usungan

מד חום

termometer klinis

לידה

kelahiran

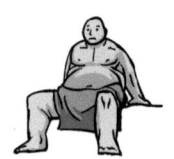

עודף משקל

kelebihan berat badan

מכשיר שמיעה

alat pendengar

מחטא

desinfektan

זיהום

infeksi

נגיף

virus

איידס

HIV / AIDS

תרופה

obat

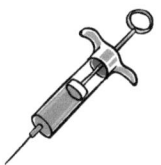

חיסון

vaksinasi

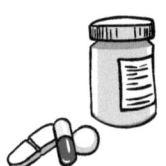

טבליות

tablet

גלולה

pil

קריאת חירום

panggilan darurat

מד לחץ דם

ukur tekanan darah

חולה / בריא

sakit / sehat

חירום
darurat

הצילו!
Tolong!

אזעקה
alarm

פשיטה
penyerbuan

תקיפה
serangan

סכנה
bahaya

יציאת חירום
pintu darurat

אש!
Api!

מטף כיבוי
alat pemadam kebakaran

תאונה
kecelakaan

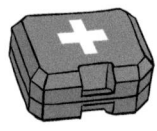

ערכת עזרה ראשונה
kit pertolongan pertama

הצילו!
SOS

משטרה
polisi

אירופה

Eropa

צפון אמריקה

Amerika Utara

דרום אמריקה

Amerika Selatan

אפריקה

Afrika

אסיה

Asia

אוסטרליה

Australi

האוקיינוס האטלנטי

Atlantik

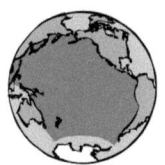

האוקיינוס השקט

Pasifik

האוקיינוס ההודי

Samudra India

האוקיינוס האנטרקטי

Samudra Antartika

האוקיינוס הארקטי

Samudra Arktik

הקוטב הצפוני

kutub utara

הקוטב הדרומי

kutub selatan

אנטארקטיקה

Antarktika

כדור הארץ

bumi

אדמה

tanah

ים

laut

אי

pulau

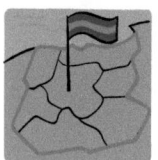

לאום

bangsa

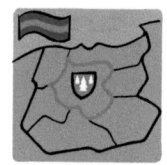

מדינה

negara

שעון
jam

מחוג הדקות

jarum menit

מחוג השעות

jarum pendek

פני השעון

jam wajah

יום

hari

מה השעה?

Jam berapa?

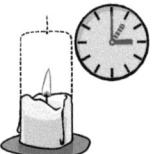

מחוג השניות

jarum detik

שעון דיגיטלי

jam digital

עכשיו

sekarang

זמן

waktu

שעה

jam

דקה

menit

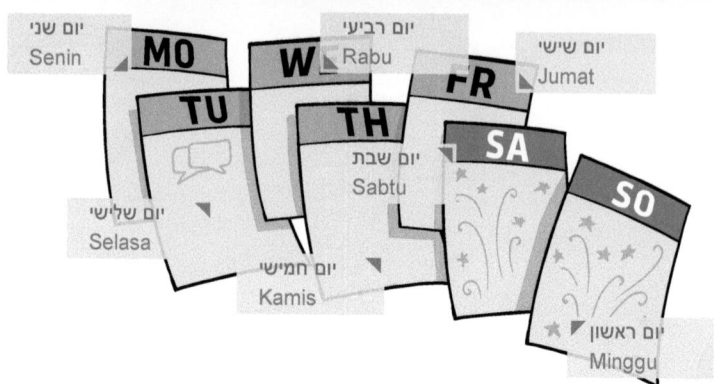

שבוע

minggu

יום שני
Senin
יום רביעי
Rabu
יום שישי
Jumat
TU
SA
יום שבת
Sabtu
יום שלישי
Selasa
יום חמישי
Kamis
יום ראשון

אתמול

kemaren

היום

hari ini

מחר

besok

בוקר

pagi

צהריים

siang

ערב

malam

ימי עבודה

hari kerja

סוף שבוע

akhir minggu

שנה
tahun

קשת בענן
pelangi
גשם
hujan
שלג
salju
רוח
angin
אביב
musim semi
סתיו
musim gugur
קיץ
musim panas
חורף
musim dingin

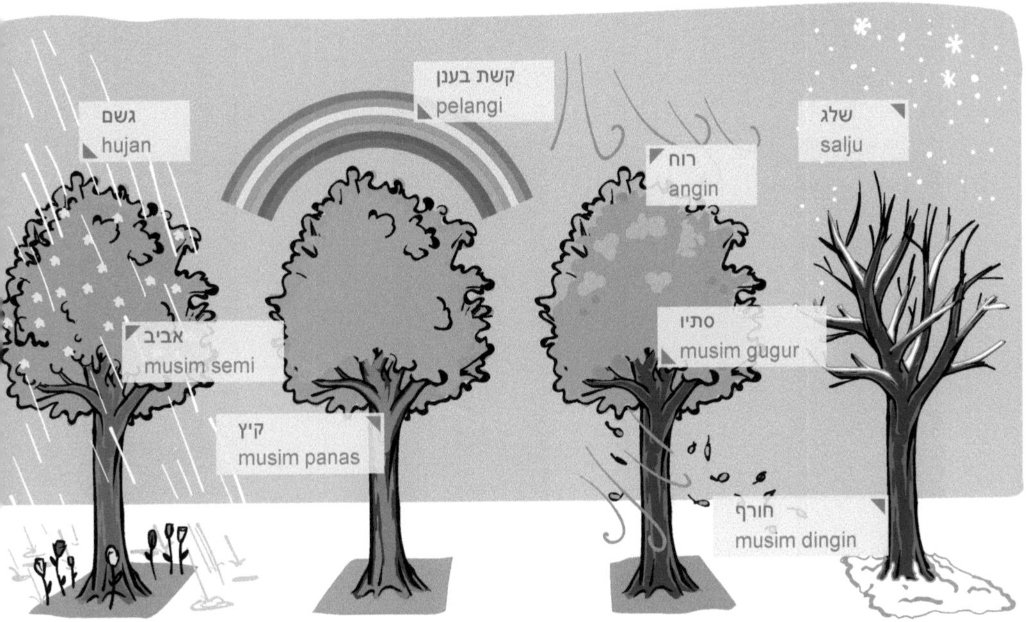

תחזית מזג האוויר
ramalan cuaca

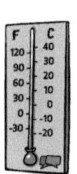

מד חום
termometer

אור שמש
matahari

ענן
awan

ערפל
kabut

לחות
kelembahan

ברק

kilat

רעם

guntur

סערה

badai

ברד

hujan es

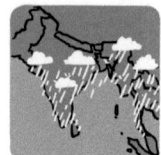

רוח עונתי

monsun

שיטפון

banjir

קרח

es

ינואר

Januari

פברואר

Februari

מרץ

Maret

אפריל

April

מאי

Mei

יוני

Juni

יולי

Juli

אוגוסט

Agustus

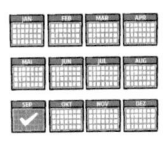

ספטמבר
....
September

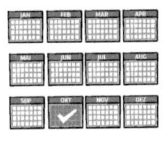

אוקטובר
....
Oktober

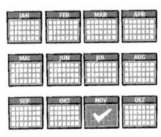

נובמבר
....
November

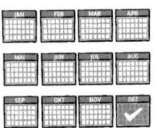

דצמבר
....
Desember

צורות

bentuk

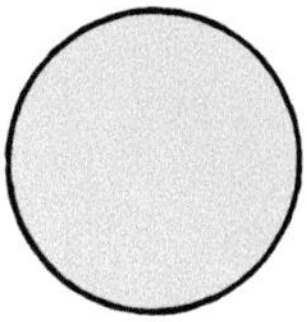

עיגול
....
lingkaran

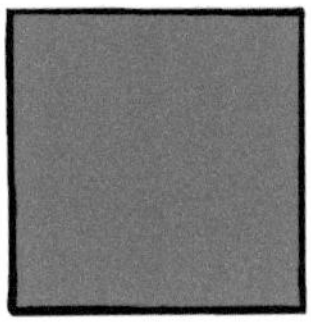

מרובע
....
persegi

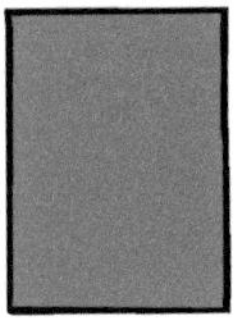

מלבן
....
persegi panjang

משולש
....
segi tiga

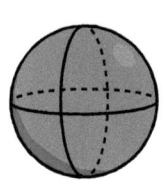

כדור
....
bola

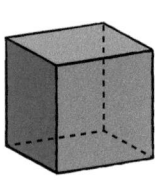

קובייה
....
kubus

צבעים
warna-warna

לבן

putih

צהוב

kuning

כתום

oranye

ורוד

pink

אדום

merah

סגול

ungu

כחול

biru

ירוק

hijau

חום

coklat

אפור

abu-abu

שחור

hitam

הפכים
berlawanan

הרבה / מעט

banyak / sedikit

כועס / רגוע

marah / tenang

יפה / מכוער

cantik / jelek

התחלה / סוף

mulaih / selesai

גדול / קטן

besar / kecil

בהיר / כהה

terang / gelap

אח / אחות

saudara laki-laki / saudara perempuan

נקי / מלוכלך

bersih / kotor

שלם / חלקי

lengkap / tidak lengkap

יום /לילה

hari / malam

מת / חי

mati / hidup

רחב / צר

luas / sempit

אכיל / לא אכיל

dapat dimakan / tidak dapat dimakan

רשע / טוב לב

jahat / baik

מתרגש / משועמם

bersemangat / bosan

שמן / רזה

gemuk / kurus

ראשון / אחרון

pertama / terakhir

חבר / אויב

teman / musuh

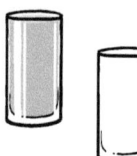

מלא / ריק

penuh / kosong

קשה / רך

keras / lembut

כבד / קל

berat / enteng

רעב / צמא

lapar / haus

חולה / בריא

sakit / sehat

בלתי-חוקי / חוקי

ilegal / legal

נבון / טיפש

cerdas / bodoh

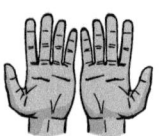

שמאל / ימין

kiri / kanan

קרוב / רחוק

dekat / jauh

חדש / משומש

baru / bekas

כלום / משהו

tidak ada apapun / sesuatu

זקן / צעיר

tua / muda

פעיל / כבוי

nyala / mati

פתוח / סגור

buka / tutup

שקט / רועש

tenang / keras

עשיר / עני

kaya / miskin

נכון / שגוי

benar / salah

מחוספס / חלק

kasar / halus

עצוב / שמח

sedih / gembira

קצר / ארוך

pendek / panjang

איטי / מהיר

pelan-pelan / cepat

רטוב / יבש

basah / kering

חם / קר

hangat / sejuk

מלחמה / שלום

perang / damai

מספרים
angka-angka

0	1	2
אפס	אחת	שתיים
nol	satu	dua
3	4	5
שלוש	ארבע	חמש
tiga	empat	lima
6	7	8
שש	שבע	שמונה
enam	tujuh	delapan
9	10	11
תשע	עשר	אחת-עשרה
sembilan	sepuluh	sebelas

12

שתים-עשרה

duabelas

13

שלוש-עשרה

tigabelas

14

ארבע-עשרה

empatbelas

15

חמש-עשרה

limabelas

16

שש-עשרה

enambelas

17

שבע-עשרה

tujuhbelas

18

שמונה-עשרה

delapanbelas

19

תשע-עשרה

sembilanbelas

20

עשרים

duapuluh

100

מאה

seratus

1.000

אלף

seribu

1.000.000

מיליון

juta

שפות
bahasa-bahasa

אנגלית
....
Inggris

אנגלית אמריקאית
....
bahasa Inggris Amerika

סינית מנדרינית
....
bahasa Cina Mandarin

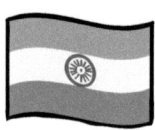

הודית
....
bahasa Hindi

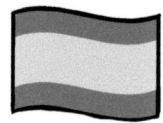

ספרדית
....
bahasa Spanyol

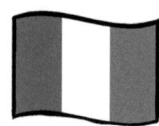

צרפתית
....
bahasa Perancis

ערבית
....
bahasa Arab

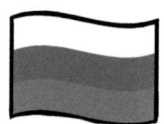

רוסית
....
bahasa Rusia

פורטוגזית
....
bahasa Portugis

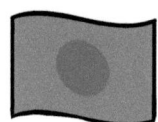

בנגלית
....
bahasa Bengal

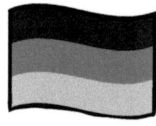

גרמנית
....
bahasa Jerman

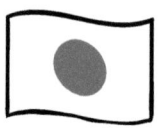

יפנית
....
bahasa Jepang

מי / מה / איך

siapa / apa / begaimana

אני

saya

אתה / את

kamu

הוא / היא / זה

dia

אנחנו

kita

אתם

kalian

הם

mereka

מי?

siapa?

מה?

apa?

איך?

begaimana?

איפה?

dimana?

מתי?

kapan?

שם

nama

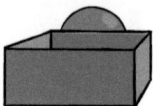

איפה
dimana

מאחור
....
dibelakang

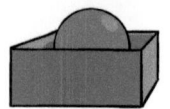

בתוך
....
di

לפני
....
didepan

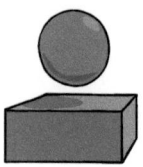

מעל
....
diatas

על
....
diatas

מתחת
....
dibawah

ליד
....
sebelah

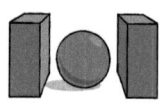

בין
....
di antara

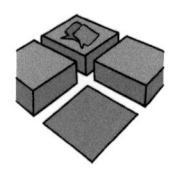

מקום
....
tempat